Semblables
mais différents

Directrice de collection : Denise Gaouette

Rachel Griffiths et Margaret Clyne

Table des matières

Pareils, pas pareils ? 3

Les papillons et les lépidoptères 4

Les alligators et les crocodiles 8

Les grenouilles et les crapauds 12

Les phoques et les otaries 16

Semblables mais uniques 20

Glossaire 23

Index 24

Pareils, pas pareils ?

Certains animaux se ressemblent.
Ils se comportent de façon semblable.
Par contre, ils ne sont jamais exactement pareils.
Regarde ces animaux de près
et tu verras pourquoi ils sont différents.

Les papillons et les lépidoptères

**Les papillons et les lépidoptères sont semblables.
Ils ont des ailes et des antennes.
Ils sont des insectes.**

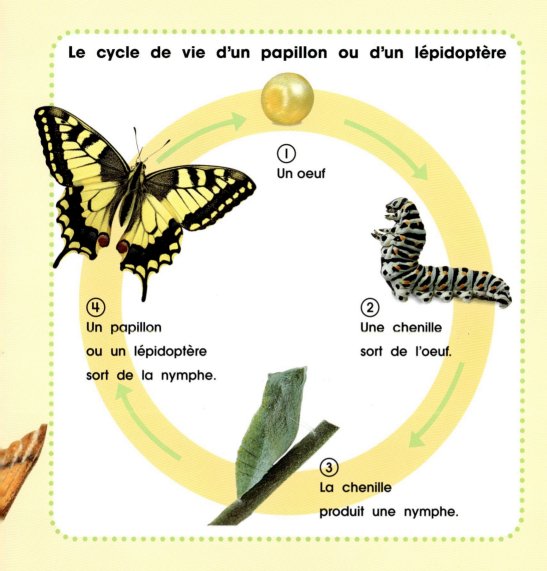

Le cycle de vie d'un papillon ou d'un lépidoptère

① Un oeuf

② Une chenille sort de l'oeuf.

③ La chenille produit une nymphe.

④ Un papillon ou un lépidoptère sort de la nymphe.

Le **cycle de vie** des papillons et des lépidoptères est semblable. Ces insectes pondent des oeufs. Ils sont des chenilles une partie de leur vie.

Les papillons et les lépidoptères sont différents. La plupart des lépidoptères ont un corps large et duveteux. Le corps des papillons est plus mince et non duveteux. Les papillons ont des boutons au bout de leurs antennes. Les lépidoptères n'ont pas de boutons au bout de leurs antennes.

le bouton au bout de l'antenne du papillon

◀ un papillon queue d'hirondelle

l'antenne en forme de plume du lépidoptère

une saturnie cecropia ▶

◀ un lépidoptère queue fourchue

▲ un papillon Robert-le-Diable

La couleur de ce lépidoptère est semblable à la couleur de l'écorce de l'arbre.

▲ un lépidoptère cossidae

▲ un papillon citron de Provence

Les papillons sont plus colorés que les lépidoptères. Les lépidoptères sont souvent bruns ou gris. Ces couleurs les aident à se camoufler.

Les alligators et les crocodiles

Les alligators et les crocodiles sont semblables.
Ils ont un corps bosselé, des pattes courtes
et une queue longue et solide.
Ils sont des **reptiles**.

▼ un crocodile

▼ un alligator

Les alligators et les crocodiles sont des bons nageurs.
Ils ont des dents très pointues.
Ils mangent les animaux qu'ils attrapent.

le museau d'un crocodile

le museau d'un alligator

Les alligators et les crocodiles sont différents.
Le museau des alligators est arrondi.
Le museau des crocodiles est pointu.
Quand un alligator ferme sa gueule,
la plupart de ses dents sont cachées.
Quand un crocodile ferme sa gueule,
ses dents sont visibles.

Est-ce un alligator ou un crocodile ?

Les endroits où vivent les alligators et les crocodiles

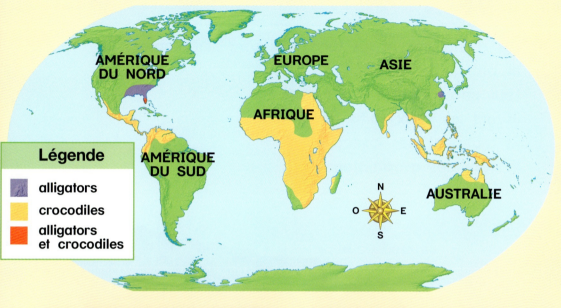

▲ Plusieurs alligators vivent en Floride.

▲ Certains crocodiles vivent en Australie.

Les alligators vivent aux États-Unis et en Chine.
Les crocodiles vivent aux États-Unis, en Chine,
en Amérique du Sud, en Afrique et en Australie.

Les grenouilles et les crapauds

Les grenouilles et les crapauds sont semblables.
Ils ont quatre pattes.
Leur peau est brune ou verte.
Ils ont les yeux sortis de la tête.
Ils mangent des insectes.
Ils sont des **amphibiens**.

un crapaud ▶

◀ une grenouille

Le cycle de vie d'une grenouille ou d'un crapaud

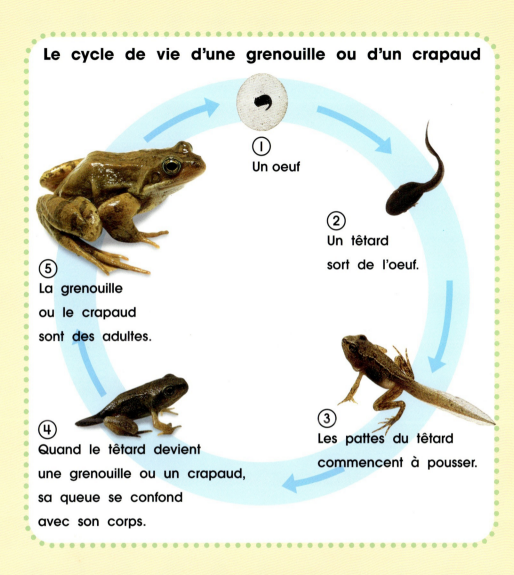

① Un oeuf

② Un têtard sort de l'oeuf.

③ Les pattes du têtard commencent à pousser.

④ Quand le têtard devient une grenouille ou un crapaud, sa queue se confond avec son corps.

⑤ La grenouille ou le crapaud sont des adultes.

Le **cycle de vie** des grenouilles et des crapauds est semblable. D'abord, il y a un oeuf. Puis, il y a un têtard qui vit sous l'eau. Finalement, le têtard devient adulte et saute sur la terre ferme.

Les grenouilles et les crapauds sont différents.
La peau des grenouilles est lisse et humide.
La peau des crapauds est bosselée et sèche.

▼ un crapaud

peau bosselée et sèche

En général, les grenouilles et les crapauds vivent dans des **environnements** différents.
Les grenouilles vivent dans l'eau ou près de l'eau.
Les crapauds vivent surtout sur le sol.

peau lisse et humide

▼ une grenouille

Les phoques et les otaries

Les phoques et les otaries sont semblables.
Ils ont un pelage lustré.
Ils utilisent leurs nageoires pour se déplacer dans l'eau.
Ils sont des **mammifères**.

▲ des phoques

Les phoques et les otaries vivent dans l'océan.
Ils attrapent leur nourriture en nageant.
Ils grimpent sur les rochers pour se reposer
et pour donner naissance à leurs petits.

des otaries ▼

Les phoques et les otaries sont différents.
Les oreilles des phoques sont des petits trous.
Les oreilles des otaries sont des oreillettes.
Les otaries sont plus bruyantes que les phoques.
On appelle les otaries « chiens de mer »
parce qu'elles font des jappements sonores.

une oreillette

les nageoires arrière

▼ une otarie

Les phoques rampent sur le ventre
pour se déplacer.
Ils n'utilisent pas leurs nageoires arrière.
Les otaries utilisent leurs quatre nageoires
pour se déplacer. Elles poussent
leurs nageoires arrière vers l'avant.

un trou de l'oreille

▼ un phoque

Une otarie se tient à la verticale.
Elle utilise ses nageoires pour se déplacer.

Semblables mais uniques

Beaucoup d'animaux se ressemblent et agissent de façon semblable. Mais, chaque animal est différent. Chaque animal est unique.

▼ un guépard

▲ un léopard

Rappelle-toi…	Semblables mais différents

un papillon	un lépidoptère

un alligator	un crocodile

une grenouille	un crapaud

un phoque	une otarie

D'autres animaux...   Semblables mais différents

un lapin

un lièvre

une tortue marine

une tortue

un hérisson

un échidné

un coyote

un loup

Glossaire

amphibiens	des animaux qui peuvent vivre sur la terre ou dans l'eau
camoufler	se cacher pour se protéger ; la couleur d'un animal lui sert souvent de camouflage
cycle de vie	les changements subis par les animaux ou les plantes au cours de leur vie
environnements	les conditions naturelles, où vivent les êtres vivants
insectes	les sortes d'animaux qui ont six pattes et un corps divisé en trois parties
mammifères	les animaux qui se nourrissent du lait de leur mère ; les mammifères ont de la fourrure ou des poils
reptiles	des animaux à sang froid qui ont souvent des écailles et qui pondent des oeufs

Index

alligator   8 à 11

amphibien   12

chenille   5

coyote   22

crapaud   12 à 15

crocodile   8 à 11

cycle de vie   5, 13

échidné   22

grenouille   12 à 15

guépard   20

hérisson   22

insecte   4

lapin   22

léopard   20

lépidoptère   4 à 7

lièvre   22

loup   22

mammifère   16

otarie   16 à 19

papillon   4 à 7

phoque   16 à 19

reptile   8

tortue   22

tortue marine   22